LIGUE MARSEILLAISE DE PROTESTATION

CONTRE L'AUGMENTATION DES DROITS SUR LES BLÉS

Notes fournies pour la discussion au Sénat de la Loi sur la surtaxe des Blés et Farines.

MARSEILLE
IMPRIMERIE DU PORT
I A, Quai de Rive-Neuve, I A
—
1885

LIGUE MARSEILLAISE DE PROTESTATION

CONTRE L'AUGMENTATION DES DROITS SUR LES BLÉS

NOTES

FOURNIES POUR LA DISCUSSION AU SÉNAT

DE LA

LOI SUR LA SURTAXE DES BLÉS ET FARINES

PAR

M. D. MAGNASCHI

Rapporteur de la Commission nommée par l'Assemblée générale
en date du 17 février 1885, composée de

MM. BIANCHERI, CAVALIER, LAPIERRE, MAGNASCHI et VAULBERT

Le vote, à la Chambre, d'une majorité républicaine, en faveur d'une surtaxe de trois francs sur les blés, a jeté, dans le pays, un profond étonnement. Les agriculteurs, eux-mêmes, qui se croient protégés par ce nouveau droit, se demandent, non sans anxiété, si le gouvernement, pour faire adopter une résolution aussi grave, ne se trouve pas en face d'un péril beaucoup plus grand que celui qu'il a signalé. — Aujourd'hui tous les regards se tournent vers le Sénat, les hommes mêmes qui ont adressé les critiques les plus injustes contre son existence, mettent, en lui, leurs dernières espérances. — La Chambre haute, disent-ils, n'a pas les préoccupations électorales qu'on a reprochées à la Chambre des députés et qui, d'après certains, ont seules amené le gouvernement à présenter de nouveaux droits sur les blés ; son indépendance est complète, absolue. Aussi pour que le projet de surtaxe soit adopté par elle, il faudra que ses membres soient convaincus qu'il existe un déficit considérable dans nos finances et que ce projet soit le seul remède à une situation déplorable.

En effet, pour bouleverser des droits acquis, pour renier les promesses les plus formelles qui ont été faites, il y a à peine cinq ans, par les protectionnistes les plus avérés, promesses à l'abri desquelles sont venues s'établir ces diverses industries, si prospères aujourd'hui, complètement ruinées demain, la Meunerie, la Semoulerie, l'Amidonnerie, etc..., il ne faudrait rien moins qu'une situation financière exceptionnelle. Pour nous qui ne croyons pas à un état de choses aussi désastreux, qu'il nous soit permis, en supposant même son existence, de regretter que le gouvernement n'ait pas témoigné plus de confiance au pays. Pourquoi, si les ressources lui font défaut pour arriver à équilibrer son budget, ne s'adresse-t-il pas à la nation ? Doute-t-il que chaque Français ne se fasse un devoir, sous une autre forme, d'apporter son obole afin d'améliorer les finances de l'Etat ? Non ! il n'est pas possible que la France qui, jusqu'à ce jour, a marché à la tête de la civilisation, en soit réduite à recourir à des expédients injustes, inefficaces, pour se procurer des ressources aléatoires.

Car, malgré les assertions très adroites de M. le Ministre de l'Agriculture qui disait, il y a quelques jours, à la Chambre des députés : « La surtaxe procurera, en outre, au Trésor, des recettes qui ne sont pas à dédaigner, » il nous répugne de penser que le gouvernement, pour un résultat si minime, consente, de gaieté de cœur, à ruiner des industries très prospères, à affamer la classe prolétarienne, et qui pis est encore, à offrir des primes à l'industrie et au commerce étrangers. Ces recettes, d'ailleurs, ne seront que fort limitées ; M. Méline, lui-même, ne disait-il pas que la surtaxe avait pour but principal de développer la production nationale à son maximum de puissance, et que le jour où l'agriculteur arriverait à ce résultat, cet impôt fiscal deviendrait complètement nul ?

Mais même en supposant que cette augmentation de production n'ait pas lieu, ne se trouverait-on pas en face de ce dilemme : ou la récolte sera bonne en France, et l'importation sera bien faible, surtout avec le droit nouveau, et par conséquent, bien faibles aussi seront les recettes ; ou la récolte nationale sera mauvaise, et, alors, cet impôt, grâce aux nombreuses importations, produirait tout son effet, si, d'autre part, le gouvernement n'avait pris l'engagement le plus formel, dans la crainte d'une surélévation sur le prix du pain, d'abolir, immédiatement, tous droits et surtaxes sur les blés ?

En sorte qu'au point de vue fiscal, et des aveux mêmes du gouvernement, la nouvelle loi sera nulle et de nul effet.

Il faudrait donc un intérêt majeur, il faudrait que la France entière en retirât de bien grands avantages, pour que des industries importantes, qui, sous le régime de la protection étaient presque nulles, et qui, depuis 1860, ont pris une immense extension, une importance extraordinaire, qui occupent actuellement des milliers d'ouvriers, soient brusquement, brutalement sacrifiées. Qu'on n'oublie pas que c'est en vertu de la sécurité économique du lendemain, qu'une foule de minoteries, de fabriques de semoules, de pâtes, dites d'Italie, se sont établies en France, qu'on a dépensé des sommes d'argent excessives pour mettre notre pays, pour la fabrication des farines, des semoules et des pâtes, à la hauteur des autres nations. Et comment cette confiance ne se serait-elle pas produite d'une manière absolue, lorsqu'on a vu, à diverses époques, les partisans les plus acharnés de la protection, affirmer à la tribune que ce régime économique ne saurait plus être appliqué, surtout aux objets de première nécessité, au pain, que l'on a justement appelé le charbon de la machine humaine. En 1881, en effet, des protectionnistes tels que MM. Guichard et le marquis de Roys, affirmaient à la Chambre des députés que personne n'osait demander une surtaxe sur les blés.

Ces affirmations de nos législateurs, ces dispositions générales du gouvernement n'étaient-elles pas suffisantes pour constituer un véritable droit acquis ? M. Méline n'était-il pas, dès lors, dans l'erreur la plus profonde lorsque, il y a quelques jours, il venait affirmer, au nom du gouvernement, que l'on pouvait, impunément, aller du libre-échange à la protection, et se jouer ainsi de la fortune publique, des principales industries de notre pays ? Non, ce n'est pas par ces variations constantes, érigées ainsi à l'état de principe, que l'on peut aspirer à devenir une des nations les plus commerçantes et les plus industrielles. Cette incertitude jette le marasme ; la confiance disparaît, et, cette disparition amène d'une manière inévitable sinon la ruine, du moins une diminution considérable de la richesse nationale due au commerce, à l'industrie et à l'agriculture, celle-ci, en effet, est intimément liée au commerce et à l'industrie, elle en est le corollaire ; que l'on protège l'agriculture, si elle est réellement menacée, mais si on ne veut pas arriver à un effondrement général, que l'on se garde de le faire au détriment du commerce et de l'industrie.

Cet intérêt majeur, général, dont nous parlions tout à l'heure, existe-t-il réellement ? Ne s'est-on pas fait une grande illusion de déclarer, lorsque la loi sur la surtaxe des blés sera votée, que cette loi enrichirait la France d'une manière extraordinaire ? car, à entendre les députés protectionnistes avec ce droit de trois francs, notre pays serait, à l'instar des Etats-Unis, à la veille de se libérer d'une grande partie de sa dette.

En parlant, comme on l'a fait, de l'intérêt général, on se demande où il se trouve ; s'il est avec la partie ou avec le tout. On nous accordera que le consommateur, c'est la France entière, et que les agriculteurs, producteurs de blé, n'en sont qu'une partie ; ce sont quelques français, seulement. Oui, la production du blé est une portion de la France, la consommation, au contraire, *est,* ou, du moins, *devrait être* la France entière. Car il est malheureusement avéré que sept millions de Français ne peuvent pas encore se payer le luxe de manger du pain de blé.

Il résulte, en effet, des statistiques officielles que, dans les quatre dernières années, déduction faite de cinquante à cinquante-deux millions d'hectolitres servant pour les semailles, et d'un stock constant de vingt millions d'hectolitres, la production et l'importation ont laissé à la disposition de la consommation, quatre cent douze millions d'hectolitres environ, ce qui fait une moyenne de cent trois millions d'hectolitres. Or, il a été établi que chaque français consomme, environ, 700 grammes de pain par jour, soit une moyenne de 3 hectolitres 4 de blé ou de pain par an ; ce qui constituerait, si chaque français mangeait du pain de blé, une moyenne de consommation annuelle de 127,500,000 d'hectolitres. La consommation n'étant que de 103 millions d'hectolitres, nous nous trouvons donc en présence d'un manquant de 24 millions d'hectolitres, ce qui, divisé par 3 hectolitres 4, moyenne de consommation pour chaque habitant, donne un chiffre de plus de 7 millions,

Il y a donc encore en France, plus de 7 millions de nos compatriotes pour qui, le pain que les protectionnistes ne trouvent pas assez cher, est encore un objet de luxe, pour qui même les prix actuels constituent des prix inabordables ! Le Sénat, voudra-t-il donc, par des prix plus élevés, diminuer encore la consommation de cet objet de première nécessité ? Trouvera-t-il, comme l'a fait la Chambre des députés, que les Français vivent trop bien, qu'ils sont trop heureux ? Non, devant ces chiffres malheureusement trop vrais, le Sénat ne voudra pas assumer une pareille responsabilité, il ne voudra pas onérer la France entière, pour la protection, pour l'augmentation des rentes de quelques-uns.

Cela nous amène à nous demander quelle est la quantité et la qualité des Français appelés à bénéficier de la surtaxe de 3 francs sur les céréales.

Cette loi qu'on appelle injustement protectrice des agriculteurs, ne protégera, réellement, qu'une partie de l'agriculture. En effet, du grand nombre des propriétaires français, il nous faut commencer par déduire :

En premier lieu, les propriétaires de terrains non agricoles, se composant de propriétés bâties,

En second lieu, les propriétaires de terrains non cultivés, composés de forêts et de landes,

En troisième lieu, les propriétaires dont les terrains cultivés produisent autre chose que du blé,

Enfin les ouvriers des champs qui sont chargés des divers travaux spéciaux que comportent ces terrains.

Voilà autant de propriétaires et d'agriculteurs, pour qui la nouvelle loi sera une charge, voilà autant d'ouvriers de la campagne qui seront directement atteints par le renchérissement de cet aliment vital, le pain. Car, qu'on ne se le dissimule pas, c'est l'ouvrier des champs qui compose la plus grande partie de ces 8 millions de Français qui, de nos calculs précédents, en sont encore réduits à se nourrir de pain fait avec d'autres produits que le blé.

Nous voilà donc en présence des propriétaires, producteurs de blé, et des ouvriers employés à la culture de ce produit, qui, au dire des protectionnistes, bénéficieront, d'une manière incontestable, de la surtaxe. — Examinons la justesse de ces affirmations, et demandons-nous quelles sont les personnes qui, en réalité, retireront un avantage de la nouvelle loi.

Les propriétaires, producteurs de blé, peuvent se subdiviser eux-mêmes en deux catégories : les petits propriétaires qui produisent, à peine, assez de blé pour leur entretien et celui de leur famille, et les grands propriétaires, producteurs de blé, qui vendent leurs produits.

Les petits propriétaires qui produisent du blé pour leur consommation, ne sont nullement intéressés par la question du relèvement des droits, ou, si jamais ils le seront un jour, ce sera lorsque, leurs champs particulièrement atteints par une mauvaise récolte, ils seront obligés de devenir acheteurs de blé, et, par conséquent de payer la surtaxe.

Mais, a-t-on dit à la Chambre des députés : « Il est constaté que « ce petit propriétaire qui possède un ou deux hectares, est obligé « d'être le locataire d'un homme qui n'est pas plus riche que lui, « souvent d'un de ses ouvriers. Pour cultiver ses deux hectares, il « est obligé d'avoir un cheval et deux vaches. Pour nourrir ce « cheval et ces vaches il loue cinq, six ou sept hectares. Les bas « prix actuels du blé le mettent actuellement en perte de 400 francs « par an. »

On nous permettra de discuter la véracité de cette affirmation. C'est bien mal connaître, en effet, le caractère du propriétaire français que de dire qu'un propriétaire possédant un lopin de terrain loue à un autre petit propriétaire, et bien moins encore comprendra-t-on qu'un petit propriétaire loue son champ à un autre petit propriétaire, pour devenir son ouvrier.

Mais admettons, pour un instant, la généralité de ce fait qui présente bien tous les caractères d'un cas spécial. On peut répondre à cette objection, que l'Etat n'a nullement à intervenir dans cette location onéreuse ; c'est affaire entre propriétaire et locataire. D'ailleurs est-ce que ce petit producteur serait sauvé par la surtaxe de 3 francs ? On nous affirme que cet agriculteur perd actuellement 400 francs par an, avec la nouvelle loi, il perdrait encore 197 fr. 50. Cela peut être établi par le décompte suivant : 6 hectares, chiffre moyen, produisent 90 hectolitres de blé, en adoptant la production de 15 hectolitres à l'hectare, admise par M. le Ministre de l'Agriculture ; ce qui multiplié par le droit de 2 fr. 25 à l'hectolitre (soit l'équivalent de 3 francs par 100 kilogrammes) donne un produit de 202 fr. 50, qui retranchés de la somme ci-dessus de 400 francs, constitue ce petit producteur en perte de 197 fr. 50.

Il est donc incontestable que le petit proprietaire, qui sait compter, n'en déplaise aux protectionnistes, n'ira pas aussi bénévolement à une ruine certaine. S'il possède deux hectares de terrain, il les cultivera seuls ; d'autant plus que, si c'est là tout son avoir, bien certainement il ne les complantera pas tout en blé, il cultivera d'autres produits lui permettant de nourrir des bestiaux qui lui sont indispensables pour la culture. Il ne louera d'autres propriétés que s'il est certain d'en retirer un avantage.

Le petit propriétaire peut donc être considéré, d'une manière générale, comme ne devant retirer aucun avantage de la nouvelle loi.

Il ne nous reste donc plus que le grand producteur de blé, qui, lui, retirera réellement un bénéfice. Mais combien sont-ils ces soi-disant agriculteurs, qui ne connaissent l'agriculture que par les revenus de leurs terres, qui trouvent que la France entière doit s'émouvoir parce que la rente foncière, subissant la loi générale, ne produit plus, aujourd'hui, les mêmes revenus qu'elle produisait il y a quelques années ? On a parlé de 500.000 grands cultivateurs, producteurs de blé ; doublons le chiffre, mettons qu'un millon de grands propriétaires aient à souffrir des prix actuels. Est-ce là la crise agricole annoncée à si grand bruit ? Un million de producteurs, ou plutôt de citoyens vivant des rentes que leur fournissent leurs fermiers, telles sont les personnes qui seraient protégées au détriment de 37 millions d'habitants, dont plusieurs se trouveraient obligés, par le renchérissement du prix du pain, d'aller grossir le chiffre, déjà si grand, de Français pour qui le blé est encore trop cher aux cours actuels.

Mais, a-t-on-dit : « Lorsqu'il s'agit de protéger le prix du blé,
« nous ne nous intéressons pas seulement aux grands propriétaires,
« mais encore aux ouvriers qui travaillent de leurs mains, et qui ont
« intérêt à avoir des salaires plus élevés. C'est donc au nom des
« intérêts démocratiques que nous défendons la surélévation des
« droits de douane. »

Evidemment il en serait ainsi, et nous laisserions le monopole
des intérêts démocratiques aux seuls protectionnistes, s'ils établis-
saient que le salaire de l'ouvrier marche en raison directe des prix
rénumérateurs, si la journée de l'ouvrier augmentait avec les prix
des blés. Mais en est-il ainsi ? Le même orateur, M. G. Graux,
répond lui-même à la question, en disant, quelques instants après :
« Le maître-valet qui, en 1860, gagnait 600 francs, en gagne
« 700 aujourd'hui. L'ouvrier qui gagnait 2 fr., 80 par jour en 1860,
« gagne aujourd'hui — ou plutôt gagnait l'an dernier 3 fr. 50. —
« Augmentation un cinquième. »

Or, d'après les statistiques fournies par le rapporteur de la
Chambre des députés, nous constatons qu'en 1860, c'est à dire alors
que l'on était sous le régime de la protection, le prix moyen était
de 20 fr. 24 à l'hectolitre, et que l'an dernier l'hectolitre du blé ne
valait plus que 16 fr. 20. Nous pouvons donc conclure que le salaire
de l'ouvrier n'augmente pas en raison des bénéfices du propriétaire.
Bien plus, nous soutenons que la Protection sera une cause de baisse
pour les salaires. Il est incontestable, en effet, qu'une grande partie
de ces industries qui se sont créées à l'abri du libre-échange, vont se
trouver dans la terrible nécessité de fermer leurs portes, de renvoyer
leurs ouvriers, surtout avec la situation particulièrement onéreuse
qui leur a été faite par des traités de commerce qui ne s'éteindront
qu'en 1892. Ces ouvriers, les ouvriers des quais, les ouvriers
charretiers qu'occupait l'importation forcément ralentie des blés, se
verront obligés d'aller chercher du travail dans les campagnes.
Qu'en résultera-t-il ? Il arrivera pour la main-d'œuvre ce qui arrive

pour tout, c'est que l'offre excédera la demande, ce qui occasionnera nécessairement de la baisse sur les salaires. Et quel dédommagement offrira-t-on à cet ouvrier doublement atteint par le projet de loi ? du pain à des prix plus élevés.

Donc, ce qui nous est présenté comme protection à l'agriculture, est simplement une protection à quelques agriculteurs rentiers. La grande agriculture étrangère à la production du blé, toute la petite agriculture, tous les ouvriers de la campagne, telles seraient les premières et principales victimes de cette loi.

Ainsi donc l'Etat ne profitera que fort peu de la surtaxe sur les céréales ; cet impôt augmentera, non pas les recettes de la Douane, moins bien les rentes de quelques grands propriétaires, producteurs de blé.

Examinons, maintenant, quelles sont les causes des bas prix actuels , et demandons-nous , d'abord , s'ils sont occasionnés exclusivement par la concurrence étrangère, ensuite, si cette concurrence venant, sinon à disparaître , du moins à diminuer grâce à la surélévation des droits de douane, la crise agricole, ou, plutôt, ce qu'on a injustement appelé la crise agricole, disparaîtrait, à son tour, comme par enchantement.

Il est un fait incontestable, reconnu par nos adversaires eux-mêmes, c'est que l'importation des blés exotiques, a, dans ces quatre dernières années, diminué d'une manière très sensible. En effet, d'après les statistiques de l'honorable Rapporteur de la Chambre des députés, les importations qui s'élévaient :

en 1879 à 22.070.966 quintaux métriques
et en 1880 à 19.999.437 quintaux métriques

tombent brusquement :

en 1881 à 12.853.054 quintaux métriques
en 1882 à 12.946.981   »   »
en 1883 à 10.117.673   »   »

et pendant les 9 premiers mois de 1884 à 6.740.261, soit, en gardant la proportion à 8.988.000 quintaux.

Mais, nous dit-on, pour apprécier la crise actuelle, il ne faut pas seulement prendre les 3 ou 4 dernières années, il faut considérer une série d'années, et comparer un ensemble de chiffres.

Un pareil raisonnement est-il juste ? Si la crise agricole sévissait en France alors que les prix moyens étaient de 28 fr. 20 le quintal en 1879, de 29 fr. 96 en 1880, de 28 fr. 82 en 1881, et de 27 fr. 69 en 1882, c'est un droit de 10 à 12 francs par 100 kilos, qu'on devrait allouer aux producteurs, et non pas un droit de 3 francs, puisqu'en 1884 le prix du quintal de blé est tombé à 21 francs.

Ce n'est pas la concurrence étrangère qui est la principale cause de l'avilissement du prix des blés. D'ailleurs pour que cela fût, il aurait fallu établir que les prix sont en raison directe des importations. Or en nous basant sur les chiffres mêmes du rapporteur nous démontrerons absolument le contraire.

Voici, en effet, le tableau des importations avec lesprix :

Années	Totaux des Importations	Prix au quintal
1878	13.873.473	29.96
1879	22.070.966	28.20
1880	19.999.437	29.96
1881	12.853.054	28.82
1882	12.946.981	27.69
1883	10.117.673	24.83
9 mois de 1884	6.740.261	21 »

Ainsi de 1878 à 1884 les prix ont baissé en raison inverse de l'importance des importations, c'est-à-dire, plus les prix ont été bas, moins importantes ont été les importations.

Doit-on expliquer cela par les raisons qui ont été invoquées devant la Chambre des députés, par l'importation des farines américaines ? Mais cette importation est insignifiante pour la France ; et le gouvernement l'a si bien compris qu'il a donné les chiffres des importations pour l'Europe, soit 1.496,000 de quintaux en 1882, et 3.216.000 en 1883, alors que l'importation des farines, pour l'Angleterre seule, atteignait le chiffre de 26.313.000 de quintaux en 1882, et de 46.736.000 de quintaux en 1883. Les inportations des farines américaines, en France, pour l'année 1883, se sont élevées à 483.000 quintaux. Tel est le chiffre réel que le gouvernement, pour les besoins de sa cause, n'a pas cru devoir donner.

Les industries nationales, malgré les charges qui pèsent sur elles, malgré les traités de commerce qui font une large part aux industries étrangères, ont donc su, au prix des plus grands sacrifices, se mettre à la hauteur des industries similaires de nos voisins.

En affirmant que la concurrence étrangère est la principale cause de la crise, on semble oublier un des principes du commerce des blés exotiques. Ce principe qui règle les transactions commerciales, en matière de blé, n'est autre que le principe même de l'économie politique, celui de l'offre et de la demande. C'est d'après lui, que les blés sont envoyés dans les pays où les prix sont le plus élevés, et grâce aux moyens rapides d'informations, il est facile de changer le lieu primitif du transport, d'après les besoins constatés des pays. Chaque maison d'importation reçoit journellement son courrier qui lui fait connaître l'offre et la demande. Et c'est cette demande qui décide de l'importation ou de la non-importation. Les nations étrangères n'envoient en France que les blés dont la vente est probable.

Il en résulte que les importations ont pour base primordiale les besoins du pays. Et nous pouvons conclure, d'une manière certaine, que ce n'est nullement le libre-échauge qui est la cause des prix peu rénumérateurs qui se pratiquent aujourd'hui sur nos divers marchés.

Est-ce que la protection empêchera le blé de revoir les prix actuels ? Est-ce que le droit de 3 francs suffira pour arrêter la crise agricole ? Mais il faudrait, pour cela, établir que les prix pratiqués aujourd'hui, ne se sont jamais vus sous le régime de la protection, il faudrait établir que sous ce système économique le prix du blé est constamment resté rénumérateur. Cependant en 1847 nous avons vu le prix du blé s'élever, malgré la suppression des droits de douane, à

58 francs les 100 kilog., et en 1850 et 1851, tomber brusquement, malgré la protection, à 17 fr. 90 et 18 fr. 10, le quintal, c'est à dire 2 à 3 francs meilleur marché qu'aujourd'hui.

La concurrence étrangère n'est donc, ni la seule, ni la principale cause des bas prix du blé. Nous avons prouvé, par des chiffres officiels, que l'abaissement des prix au lieu d'être la résultante d'une grande importation, est toujours accompagnée d'une décroissance notable dans les arrivages. Nous avons prouvé, d'autre part, que le régime de la protection ne saurait empêcher cet avilissement des prix, puisque c'est sous ce régime que nous voyons pratiquer, à des reprises différentes, des prix inférieurs à ceux que nous avons actuellement.

L'accroissement des importations étrangères, n'est donc qu'un prétexte ; les causes vraies, réelles, de la crise agricole, nous la trouvons, d'abord dans un excédant de production nationale, ensuite dans le taux excessif des fermages qui était de 46 francs l'hectare en 1852, et qui est aujourd'hui de 60 à 61 francs. Enfin dans l'exagération de la valeur des terres labourables qui était de 1.276 francs en 1851 et qui, d'après l'enquête faite par l'administration des contributions directes, en exécution de l'article 1er de la loi du 9 Août 1879, s'élève en 1881 au prix de 2.197 francs.

Ces points divers établis, voyons sur qui retomberait la surtaxe de 3 francs. Sera-t-elle à la charge exclusive de l'importation ou incombera-t-elle, suivant les circonstances, à l'importation et à la consommation, ou bien, sera-t-elle supportée en entier par la consommation ? Enfin, dans le cas où ce sera le consommateur du blé sur qui pèsera tout entier l'impôt nouveau, cette augmentation du prix de la matière première, se réflètera-t-elle en entier sur le prix du pain ?

A la première question, savoir qui supportera le droit de 3 francs, les protectionnistes répondent que ce ne sera pas toujours le consommateur, que ce sera souvent l'importation, qu'aux cours actuels ce sera même toujours l'importation.

Voici leur raisonnement : L'Amérique et les Indes ont un écart tel entre le prix de revient et le prix de vente en France, que toutes les fois que ces pays voudront devenir nos importateurs, ils le pourront facilement, en déduisant, de leurs bénéfices, le montant de la surtaxe. Après avoir établi, ou du moins, après avoir essayé d'établir les prix de revient dans ces divers pays, le Rapporteur de la Chambre des députés, conclut ainsi : « Qu'en résulte-t-il ? vous « savez qu'aux cours actuels du blé les importations des Indes et des « Etats-Unis réalisent un bénéfice, même en supportant un droit de « 3 francs. Par conséquent le droit de 3 francs et même celui de « 4 francs serait supporté entièrement par l'importateur, et il ne « porterait en rien atteinte aux intérêts du consommateur français. » Mais, s'il en est ainsi, le même orateur aurait pu pousser plus loin les conséquences de son raisonnement, en ajoutant ceci : et ce droit de 3 ou de 4 francs serait complètement nul pour l'agriculture indigène, puisque, même avec ce droit, elle se verrait dans la nécessité de vendre ses produits aux prix actuels.

S'il en était ainsi, le législateur manquerait complètement son but, il arriverait à avoir une loi anti-libérale, anti-démocratique et vexatoire, sans changer, en quoi que ce soit, la situation de l'agriculture.

Ces écarts, ces bénéfices signalés existent-ils réellement ? Et, d'abord, avec des écarts pareils, comment expliquer l'importance du stock qui existe, en ce moment, en Amérique ? Pourquoi les Américains et les Indiens auraient-ils diminué d'une manière aussi considérable leurs importations ? Les bénéfices fantastiques qu'ils réaliseraient, suivant nos adversaires, leur laisseraient, assez de marge pour continuer à importer. On s'expliquerait encore moins qu'avec des prix aussi rémunérateurs il n'y ait pas plus d'importateurs. Il semble, en effet, que rien qu'avec les importations françaises et anglaises, il y ait assez de millions à se partager, pour que des concurrences sérieuses s'établissent dans un commerce aussi lucratif.

Aux prix actuels un écart de 3 à 4 francs par 100 kilogs de blé, constituerait un benéfice d'environ 20 pour 100. Qu'on demande à tous nos grands commerçants et industriels, s'il leur arrive souvent, dans la moyenne de leurs transactions, de dépasser un bénéfice de 1 pour 100.

Non, ces écarts, ces différences entre le prix d'achat ou de revient, et le prix de vente, sont de pure fantaisie, et nous allons, d'ailleurs, l'établir de la manière la plus formelle, en continuant à nous baser sur des chiffres, d'autant moins discutables, qu'ils seront puisés sur les statistiques faites par nos adversaires.

D'après les protectionnistes, le prix de revient a été, aux Etats-Unis, de 7 fr. 92 en 1884. Comment établissent-ils ce prix de revient ?

M. Méline, dans son discours, et M. G. Graux dans son rapport à la Chambre des députés, — rapport qui a servi de base à cette discussion — se sont basés sur les dépenses annuelles qu'occasionne la culture d'un hectare de terre labourable complanté en blé ; d'après eux ces frais s'élèvent à 130 fr. 17 dans le Minesota et à 111 francs dans l'Ouest des Etats-Unis, soit une dépense moyenne de 120 fr. 58 à l'hectare. Or un hectare produit en Amérique 20 hectolitres de blé — c'est-à-dire 1500 kilogs, à raison de 75 kilogs à l'hectolitre, — ce qui, si cette manière de calculer était admise, mettrait bien le prix de revient à 8 francs environ les 100 kilogs.

On nous dit, d'autre part, que dans le département de Seine-et-Marne les frais annuels s'élèvent à 641 fr. 05 par hectare. Supposons, ce qui est, d'ailleurs, contraire à notre thèse, que ces frais soient spéciaux à ce département, et, pour ne pas être taxés de partialité, prenons la moyenne des chiffres divers qui ont été produits à la tribune de la Chambre des Députés, soit 449 francs d'une part, 485 francs d'autre part, et 326 francs en dernier lieu, nous trouvons une moyenne de 476 francs que nécessite le culture d'un hectare de **blés en France.**

Si pour nos blés indigènes nous adoptons le mode de calcul qui a été employé pour les blés américains, nous arrivons à un prix de revient, pour les blés en France, de 31 fr. 73, en admettant un rendement de 20 hectolitres à l'hectare. Si, par contre, nous nous basons sur le rendement de 15 hectolitres (chiffre officiel), nous obtenons un prix de revient de 39 fr. 60.

Si un écart pareil existe pour le prix de revient du blé entre ces deux pays, que le gouvernement ose mettre le droit qui réellement protègera la production nationale du blé.

Non, ces prix de revient sont exagérés et pour nos blés indigènes, et pour les blés exotiques. Les protectionnistes, eux-mêmes, se voient obligés de renoncer à cette manière d'établir le prix de revient. Seulement ils veulent faire une distinction entre nos blés, et les blés américains. Ils renoncent à rechercher le prix de revient en France, où le gouvernement, pourrait, à la rigueur, par l'intermédiaire de ses agents, arriver à une vérité relative, et ce qu'ils ne peuvent pas établir chez eux, ils ont la prétention de l'établir en Amérique et aux Indes.

Les vérités mathématiques sont unes, et si les calculs pour arriver à un prix de revient ne sont pas justes en France, ils le seront encore moins dans un pays où, forcément, nous manquerons des éléments nécessaires pour établir nos données. Nous ferons donc, pour les blés importés, le même calcul qui a été fait pour les blés indigènes.

Voyons quels ont été les prix moyens en Amérique et aux Indes, nous les comparerons, ensuite, aux prix pratiqués en France pour nos blés exotiques, et si l'écart n'est pas grand, nous pourrons conclure que ce sont bien les besoins du pays qui en ont nécessité l'importation, que ce n'est pas la concurrence étrangère qui a occasionné les prix bas que nous pratiquons.

Quel a été le prix moyen des blés en Amérique dans l'année 1884? Remarquons, tout d'abord, que, en ne comptant que les prix de

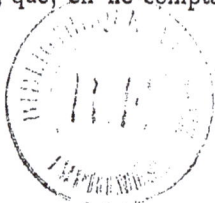

l'année dernière, nous nous mettons dans la situation la plus désavantageuse, car jamais l'Amérique n'a atteint des prix aussi bas.

La côte officielle de New-York nous apprend que le prix moyen des blés américains a été, sur cette place, de 18 fr. 67 les 100 kilogs. D'autre part, il résulte de la même côte officielle que le frêt moyen pour le Royaume-Uni, a été de 2 fr. 09. Soit un prix moyen de 20 fr. 76 par 100 kilogs de blé rendu dans le Royaume-Uni, et, personne n'ignore que, à cause de la sortie, le frêt pour l'Angleterre est de beaucoup meilleur marché que pour la France. — Si à ce prix minimum nous ajoutons :

1° Droit de statistique. . . . . Fr.	o 60
2° Embarquement et débarquement.	o 75
TOTAL. . . . . Fr.	1 35

nous trouvons que le prix de revient en Europe des blés d'Amérique est de 22 fr. 11 minimum les 100 kilogrammes.

Quels sont les prix pratiqués sur les divers marchés français ? Le quintal de blé américain a été vendu au Havre, au prix moyen de 21 fr. 50, à Bordeaux de 21 fr. 25, à Marseille, à cause des frêts plus onéreux, de 22 fr. 80 ; soit un prix moyen, pour la France de 21 fr. 85.

Le rapprochement de ces deux prix, du prix de vente à New-York, et, du prix de vente en France indique surabondamment, que l'importation est forcée de se contenter d'un bénéfice limité, et, que même, depuis quelques années, le négociant importateur subit des pertes considérables qui expliquent, d'ailleurs, la diminution des importations américaines.

En résumé, les prix des blés américains sont, à peu de chose près, à la parité des prix des blés français, si on tient compte de la supériorité de qualité de nos blés indigènes.

Ce n'est donc pas la concurrence américaine qui est la cause de la dépréciation des prix, et la protection, ne fera que diminuer la consommation actuelle puisqu'il est établi que, pour les Etats-Uuis, du moins, l'importation n'aura plus lieu, surtout avec la surtaxe, car même les prix actuels ne sont plus rénumérateurs pour l'importation.

Aux Indes, les prix signalés par le Rapporteur de la Chambre des députés sont-ils bien les prix moyens ? Lui-même nous fournit la réponse puisqu'il nous dit que le prix de 11 fr. 50 qui sert de base à son argumentation, n'est autre que le prix pratiqué à Calcutta le 13 Octobre 1884. Que dirait-on, en effet, de ce qu'un jour, ou même plusieurs jours, on a pratiqué sur un de nos marchés le prix de 20 francs, nous nous permettions de conclure que c'est bien là le prix normal, bien plus que c'est le prix de revient de tous nos blés français, et que toutes les fois que ce prix là serait dépassé, cette différence constituerait un bénéfice pour le producteur ? Evidemment, en supposant la réalité de ce fait spécial, particulier, on ne saurait en déduire que le prix moyen des blés à Calcutta est de 11 fr. 50.

Comment établirons-nous le prix de revient à Calcutta ? Nous suivrons la marche qui nous est indiquée par le rapport présenté à la Chambre des députés, et, pour les prix, nous nous servirons, pour ne pas être taxés d'exagération, des statistiques qui nous sont données dans ce travail. Prenant une période de douze années (1871 à 1883), nous trouvons que la moyenne de prix de vente est de 14 fr. 13.

Ajoutons à ce prix de vente à Calcultta non pas le prix de transport adopté par l'honorable M. G. Graux, qu'il nous dit être celúi pratiqué à cette date priviligiée du 13 octobre 1884, mais bien le prix de transport moyen et réel, dont voici le décompte :

Fret minimum — Passage à Suez . . . . . Fr.		3 10
Frais divers d'embarquement à Calcutta, frais à Marseille, courtage, commission, assurances, etc.		2 75
Droit de Statistique et débarquement . . .		0 80
TOTAL. . . . . . Fr.		6 65

nous trouvons que les blés de Calcutta, reviennent en France, à 20 fr. 78.

Et encore pourrait-on se demander pourquoi nos adversaires n'ont parlé exclusivement que des blés embarqués à Calcutta, et ont semblé ignorer qu'il y avait aux Indes des marchés autrement plus importants, pour les blés, du moins, tels que ceux de Bombay et de Kurrache. Est-ce, parce que, de tous les blés indiens, les blés de Calcutta sont, généralement, de beaucoup inférieurs, et que, par suite, ils se vendent à des prix moindres ? Quoi qu'il en soit de cette prédilection pour ce marché, si on tient compte de cet écart de qualité, on reconnaîtra, une fois de plus, que ce sont les besoins seuls du pays qui en ont nécessité l'importation.

Nous pouvons donc conclure que les bénéfices dont ont parlé si longuement les protectionnistes, ne sont pas exacts, que les prix de revient en France, des blés américains et indiens, correspondent, à peu près, aux prix de nos blés indigènes. L'importation de ces pays qui se fait généralement à 1 %. ne saurait subir la surtaxe, et si le

Sénat venait à voter la loi soumise à sa sanction, cette surtaxe pèserait en entier, toujours et quand même, sur le consommateur.

Il nous reste une dernière question à examiner, qui est celle ci : la surtaxe qui, si on veut qu'elle soit efficace pour l'agriculteur, sera à la charge du consommateur de blé, sera-t-elle, en définitive supportée par le consommateur du pain ? L'idée d'examiner cette question ne nous serait même pas venue, cette vérité s'imposait trop à nous et nous aurions passé outre, si elle n'avait été contestée par nos adversaires.

On a dit ceci : le prix du blé ne constitue pas à lui tout seul le prix de revient du pain ; par conséquent une hausse de 3 francs sur le blé, n'amènera pas, forcément, une hausse de 3 francs sur le pain. Mais de ce que des éléments autres que le prix du blé concourent pour constituer le prix de revient du pain, en résulte-t-il que le renchérissement du prix de la matière première, c'est-à-dire du blé, et par suite de la farine, n'occasionnera pas, au moins dans la même proportion, le renchérissement du prix du pain. — Nous n'insisterons pas, outre mesure, sur cette manière étrange d'argumenter, nous nous bornerons à y répondre ce que l'auteur de l'objection a dit, lui-même, dans le même discours : « Eh bien, qu'avons-nous « constaté dans ces derniers temps, et qu'avons-nous également « constaté pendant une période de vingt ans ? Nous avons constaté « que si le prix du blé s'est abaissé au dessous de 20 francs, jamais, « ou, presque jamais, le pain n'est descendu au dessous de 0 fr. 35 c. « *et lorsque, au contraire, le prix du blé s'est élevé, le prix du pain* « *s'est élevé immédiatement.* » — N'est-ce bien pas là, la constatation bien précise de ce que nous soutenons ?

En résumé la crise éprouvée actuellement par quelques grands agriculteurs, n'est due ni à la concurrence étrangère, ni au système économique que nous avons suivi depuis vingt-cinq ans, puisqu'il a été démontré : 1° que, sous la protection, on a pratiqué des prix inférieurs à ceux que nous avons aujourd'hui ; 2° que les importations diminuent au fur et à mesure que les prix baissent ; 3° que le prix de revient, qui est moindre dans les pays importateurs, se trouve compensé par les frais de transport ; 4° que la protection aura pour unique effet de diminuer, d'une manière très sensible, la consommation déjà relativement trop restreinte.

Nous avons démontré, d'autre part, que l'importation ne saurait supporter cette surélévation des droits, puisqu'elle est loin de réaliser, aux prix actuels, des bénéfices pareils à ceux qui ont été si complaisamment signalés ; et que, d'ailleurs, s'il en était ainsi, la loi manquerait absolument son but ; qu'enfin ce sera le consommateur du pain qui payera réellement l'impôt.

On nous pardonnera les trop longs développements que nous avons donné à cette partie de notre argumentation, mais nous avons voulu montrer que les partisans du libre échange ne font pas seulement de la théorie, comme le reproche leur en a été fait, mais bien qu'ils appuient leurs raisonnements sur la pratique et l'expérience. Nous avons établi, en effet, que nous sommes dans le vrai, en nous basant, exclusivement, sur des chiffres et des statistiques qui ne sauraient être suspects, puisqu'ils nous ont été fournis par nos adversaires eux-mêmes. — Ceux qui font de la théorie, et de la mauvaise théorie, sont ceux qui ne cessent d'agiter nos campagnes en criant de tous côtés et sans nécessité : la France aux Français, dissimulant, sous une idée généralement acceptée, la convoitise de leurs intérêts et la faiblesse de leur logique. Pour être conséquents avec leur théorie, les partisans de la protection devraient dire : La France aux Français, et rien qu'aux Français.

Non, le libre échange c'est le droit commun, et toutes les fois qu'on voudra en sortir par des lois d'exception, on arrivera fatalement, dans l'application de ces droits si contraires aux principes les plus élémentaires de la liberté, à des conséquences aussi bizarres que celles que nous allons relever dans la loi qui a été votée par la Chambre des Députés.

Le gouvernement avant de proposer la loi actuelle, aurait dû se demander si, par suite de traités internationaux antérieurs, il n'avait pas d'engagements avec les nations étrangères qui empêcheraient, à la surtaxe des blés, de produire tout son effet — si l'industrie et le commerce étrangers ne trouveraient pas une protection au détriment de nos produits nationaux — si, enfin, soit par suite des traités dont nous parlions plus haut, soit à cause des stipulations nouvelles de la loi, le producteur se trouverait réellement protégé !

En effet, pour qu'une loi soit réellement une loi, qu'elle soit digne de ce nom, il faut, d'abord, qu'elle ait un but certain, déterminé ; en second lieu que, dans la pratique, elle ne se contente pas de tout démolir autour d'elle, qu'elle atteigne bien le but proposé, qu'elle ne se détruise pas elle même dans ses conséquences. Si donc la loi sur les céréales n'atteint le but que par la lettre, si, par suite de dispositions expresses ou de conventions internationales antérieures, elle se contredit elle-même, il sera du devoir de la Chambre Haute de rejeter une loi inutile et dangereuse pour le pays.

Examinons, pour cela, le blé dans ses divers produits, et demandons-nous quelle est la situation qui serait faite à ces produits, et par la loi que nous discutons, et par les traités de commerce passés avec les nations étrangères.

Le blé, d'après son emploi, peut être classé en trois catégories :

1° Les blés de qualité secondaire, servant exclusivement à l'amidonnerie ;

2° Les blés durs servant à faire des semoules pour la fabrication des pâtes, dites d'Italie ;

3° Les blés tendres servant à faire la farine pour la panification .

I. Amidonnerie. — Le Rapporteur de la Commission, à la Chambre des députés, en se faisant l'interprète des misères de l'amidonnerie, déclare que le maïs constitue, à lui seul, la matière première de cette industrie, L'accroissement des importations de l'amidon, dit-il, montre quelle lutte terrible doit subir l'amidonnerie, et quel péril la menacerait, si elle devait supporter une surtaxe quelconque sur la matière première.

Complètement d'accord avec lui sur les inconséquences de cette surtaxe, nous différons, absolument, sur le nombre des amidonneries en France, et, surtout, sur la matière première qui sert à la fabrication des amidons.

Il y a actuellement en France non pas trois amidonneries, comme la chose a été affirmée à la Chambre des députés, mais bien cinquante amidonneries se décomposant de la manière suivante : 40 amidonneries de froment, 7 de maïs et 3 de riz. Les sièges principaux de cette industrie se trouvent à Annonay, Carcassonne, Epinal, Lille, Marseille, Rennes, Rouen, Saint-Quentin, Toulouse, Valenciennes.

A l'objection qui peut nous être faite qu'on doit employer de préférence le maïs et le riz, nous répondrons que les Allemands sont loin de recourir exclusivement à ces deux matières, que les fabriques d'Angleterre, de Hongrie et d'Allemagne se servent de froment. Et pourquoi ? Parce que l'amidon de maïs ne convient qu'aux apprêteurs de tissus faisant des articles secondaires, tels que les articles de Lille, Villefranche, et quelques calicots secondaires. Il est meilleur marché et son prix correspond à sa qualité inférieure.

L'amidon de riz, de son côté, n'est employé qu'à l'apprêt du linge domestique.

Cette infériorité d'emploi pour ces deux sortes d'amidons, résultent de ce que la matière première est traitée au moyen de produits chimiques dont la présence se révèle, toujours et quand même, dans l'emploi de ces amidons, et augmente leur mauvaise qualité. L'acide qui y est contenu dénature, en effet, la couleur des étoffes que l'on veut apprêter.

L'amidon de froment, au contraire, fabriqué sans le secours d'aucun acide, par sa seule fermentation, à cause de sa force et de sa blancheur naturelles, est très recherché par les fabricants et apprêteurs d'étoffes de premier choix, pour les soieries lyonnaises, les rubanneries de Saint-Etienne, les articles de Tarrare, de Saint-Quentin, etc... C'est aussi, grâce à sa pureté, que cet amidon est le seul qui puisse être employé dans la médecine et la confiserie orientale. On peut dire encore que seul, l'amidon de froment peut être torréfié, ce qui lui donne un mordant servant à fixer les couleurs sur les étoffes. C'est, en cette qualité, qu'il est surtout employé à Rouen et même en Alsace.

Il reste donc établi que de tous les amidons, celui de froment est, sans contredit, le plus important, et ne saurait être remplacé.

Si maintenant, nous examinons les conséquences de la surtaxe de 3 francs, sur les blés de qualité secondaire et spéciale qui servent à sa fabrication, nous trouvons que cette surtaxe détruit complètement cette industrie particulière, et qu'elle n'atteint d'autre but que celui-ci : Protéger l'industriel étranger au détriment de nos nationaux.

L'amidonnerie française aura, en effet, à subir un droit de 7 fr. 50 par 100 kilogs, puisqu'il est établi qu'il faut 250 kilogrammes de blé, pour fabriquer 100 kilogs d'amidon. D'autre part, d'après le tarif des traités de commerce les amidons étrangers ne sont frappés que d'un droit de 4 francs par 100 kilogs, ce qui constitue une perte de 3 fr. 50 pour l'industriel français.

Dans de pareilles conditions quel est le fabricant qui osera soutenir la concurrence avec nos voisins ? Nous insistons d'autant plus sur cet argument que M. le Ministre a déclaré « qu'il ne « viendra jamais à l'esprit de personne, dans aucun pays, de donner « des primes à l'importation d'un pays étranger » et il ajoutait : « L'amidonnerie est-elle, en France, dans un état de prospérité telle, « qu'elle puisse recevoir impunément ce nouveau coup de la concur- « rence étrangère ? » Et, citant des chiffres à l'appui de sa thèse, il démontrait que, si cette industrie était l'objet d'une surtaxe quelconque, elle disparaitrait complètement.

Ce raisonnement si logique était fait en faveur du maïs ; mais, s'il est vrai, comme nous croyons l'avoir prouvé, que la matière première de l'amidonnerie est le froment, et que celui-ci, dans la plupart des cas, ne peut être remplacé par aucun autre produit, il est impossible que les conséquences logiques et éloquentes du gouvernement, ne s'appliquent pas aussi bien à l'amidonnerie d'une manière générale.

Le but que la loi sur la surtaxe des céréales veut atteindre, est celui-ci, protéger l'agriculture. Or, dans ses applications, elle frappe justement ce qu'elle veut défendre. En effet, l'amidonnerie qui emploie environ 12 millions de kilogrammes de blé par an, produit des résidus de fabrication, appelés drèches, constituant une alimentation saine et à bon marché, que les agriculteurs recherchent pour la nourriture des vaches à lait et généralement pour l'engrais du bétail.

Voici donc les conséquences qui résulteraient de l'application de la nouvelle loi : d'une part aucun blé exotique ne pourra entrer en France qu'après avoir payé un droit de 3 francs par quintal ; et, d'autre part, si ce même blé a été travaillé à l'étranger, il pourra, à l'état de produit fabriqué, entrer chez nous, moyennant un droit de 4 francs par 250 kilogrammes, soit un simple droit de 1 fr. 60 par quintal.

II. Semoules. — Pâtes d'Italie. — Les pâtes, dites d'Italie, sont des produits de blé dur. Cette industrie était, comme l'indique son nom, une industrie presque exclusivement italienne ; et ce n'est guère que depuis quelques années, à la suite du régime de la liberté, qu'elle a pris en France une grande importance ; ce qui a amené un accroissement considérable de la consommation.

En France, l'Auvergne produit seule, non pas précisément le blé dur, mais bien les blés dits *mitadins,* c'est à dire des blés durs mélangés de blé tendre ; et encore cette production, est-elle très minime, puisque cette province ne produit pas assez pour alimenter ses propres usines, elle est, en effet, obligée d'avoir recours à l'importation. En 1884 il a été expédié de Marseille en Auvergne, 1.194.735 kilog. de semoules.

Nous avons dit que les pâtes d'Italie sont les produits de blé dur; mais ce blé avant d'être réduit à l'état de pâtes, subit un état intermédiaire : le blé dur commence à être réduit en semoules.

La semoulerie française a pris, depuis quelques années, une très grande extension ; et on peut affirmer qu'aujourd'hui c'est la France, et surtout Marseille, qui produit la plus grande quantité de semoules.

Les blés durs qui alimentent cette industrie, nous sont expédiés, en partie très minime par l'Algérie ; la plus grande partie nous arrive du Danube, de la Mer Noire et des Indes. Leur importation s'élève à 2 millions de quintaux métriques environ, soit une moyenne annuelle, pour ces cinq dernières années, de 103,658 quintaux pour l'Algérie, contre 1.896.242 quintaux pour les autres provenances.

Ainsi voilà deux industries dont le sort est intimement lié ; et la ruine de l'industrie des pâtes dites d'Italie, entraînerait, nécessairement, la suppression de cette industrie, la semoulerie.

Il faut bien avouer que la fabrication des pâtes d'Italie a été traitée en ennemie jusqu'à ce jour ; et ce n'est qu'au prix des plus grands sacrifices qu'elle a pu lutter contre la concurrence étrangère.

En effet, d'après les traités de commerce, l'entrée en France des pâtes d'Italie exotiques est admise moyennant un droit de 3 francs par 100 kilogs, alors que ce même produit, fabriqué chez nous, ne peut être importé dans les pays étrangers, qu'après avoir subi, suivant les pays, un droit double et quelquefois triple. D'autre part, comme les pâtes dites d'Italie fabriquées en France ne jouissent pas de *l'admission temporaire*, elles ne peuvent pas lutter à l'étranger avec les produits similaires. Malgré ces conditions exceptionnellement onéreuses, grâce à l'importance et à l'outillage si complets aujourd'hui de nos fabriques de semoules, il a été exporté, en 1884, 2.758.000 kilogs de pâtes d'Italie.

Telle a été, jusqu'à ce jour, la situation de cette industrie ; demandons-nous, maintenant, ce qu'il adviendrait, si la loi qui nous occupe était votée par le Sénat.

Il est établi qu'il faut environ 200 kilogs de blé dur, soit chiffre exact, 191 kilogs, pour produire 100 kilogs de pâtes. Or si le droit de 3 francs sur les blés était maintenu, ce serait un droit de 5 fr. 75 qu'aurait à supporter la production nationale de 100 kilogs de pâtes, alors que les mêmes produits étrangers, continueraient, en vertu des traités de commerce, à entrer en France avec un droit de 3 francs ; ce qui constitue une prime à l'importation de 2 fr. 75 en faveur des industries étrangères. Que devient alors cette éloquente affirmation de M. le Ministre du commerce, que nous citions à propos des amidons ?

Il en résulte, par conséquent, la destruction de deux genres d'industries nationales, et, par suite, le chômage pour les ouvriers employés aux multiples travaux que nécessitent ces diverses exploitations.

Ainsi, ce blé exotique, le blé dur, qui ne peut entrer en France qu'après avoir payé une surtaxe de 3 francs, y pénétre, sous la forme de pâtes d'Italie, en acquittant simplement un droit de 3 francs par 200 kilog., soit, environ, 1 fr. 50 par 100 kilog.

III. Blés tendres servant à faire la farine pour la panification. — Jusqu'à présent nous avons examiné les conséquences de la loi soumise à l'approbation du Sénat, au point de vue de blés que nous pourrions appeler exceptionnels : les blés de qualité secondaire et les blés durs. Voyons si, pour les blés tendres dont la farine servira à la panification, nous trouvons des résultats aussi néfastes.

La loi, après avoir établi une surtaxe sur les blés et les farines exotiques, exempte, de cette même surtaxe, le pain importé par l'étranger, ou du moins en admet l'importation aux anciens droits.

Pourquoi cette exception pour le pain, pourquoi cette inconséquence d'autant plus grave, qu'elle est voulue, préméditée ? « Le pain « est-il oui ou non un produit de la farine ? » A cette question toute naturelle posée à la Chambre des députés, on a répondu par ce défi incompréhensible de la part des partisans de la protection, que les libres échangistes osent l'imposer.

De deux choses l'une, ou la loi actuelle veut réellement protéger l'agriculture, et alors qu'on impose, non seulement le blé, mais aussi, et surtout les produits du blé, c'est à dire le pain — ou bien on veut exonérer le pain, qu'on pourrait appeler la raison finale du blé, et alors qu'on exonère la matière première. — Les partisans de la protection n'osent pas aller jusqu'au bout de leur raisonnement. Et pourquoi ? C'est qu'on ne pouvait pas ici déguiser la terrible vérité. Tant qu'il s'est agi de mettre une surtaxe sur les blés, on a pu se servir de termes plus vagues, tandis que, dans le cas actuel, on était obligé d'appeler les choses par leur nom, et dire nettement, franchement, impôt sur le pain. C'est ce qu'on n'a pas osé faire ; le gouvernement n'a pas osé assumer une pareille responsabilité. On croit ainsi se ménager, à la fois, et le grand producteur du blé, en lui montrant qu'on a imposé les blés exotiques, et le grand consommateur du pain, le prolétaire, en lui disant que le pain n'aura à subir aucun impôt. Mais on se trompe, on ne donne pas ainsi le change à l'opinion publique, et, dès le premier jour, sitôt que le projet de loi a été connu, on n'a pas désigné cette loi sous l'étiquette officielle, on l'a envisagée dans ses conséquences, et on l'a appelée de son véritable nom : Impôt sur la faim.

Il est vrai que les protectionnistes ont soutenu que la surtaxe sur les blés ne ferait pas hausser d'autant le prix du pain. Mais nous avons vu plus haut quelle est la justesse de cette affirmation, et nous nous sommes contentés de reproduire leurs propres constatations.

Quelles seront les conséquences de la loi imposant les blés tendres ?

La meunerie qui s'était établie à l'abri du libre échange pour triturer les blés exotiques, n'aura plus de raison d'être ; car, d'une part, l'importation de ces blés sera forcément ralentie, et, d'autre part, elle ne pourra plus produire que dans des conditions excessivement onéreuses.

Cette industrie aura, elle aussi, à subir le contre coup des traités internationaux dont nous parlions plus haut. En effet les issues étrangères, c'est à dire les bas produits, tels que sons et repasses, sont admis en France, sans aucun droit d'entrée, alors que ces mêmes produits entrant sous forme de matière première, le blé, auront à subir, si le droit de 3 francs est maintenu, leur part proportionnelle.

La boulangerie sera très atteinte ; grand nombre de magasins se verront dans la nécessité de fermer, la boulangerie étrangère, en effet, pouvant produire à meilleur compte, puisqu'elle pourra importer du pain moyennant un droit de 1 fr. 20 par 100 kilogr. alors que nos nationaux auront à subir un droit de 3 francs sur le blé.

Quels sont les boulangers qui seront atteints par cette disposition si singulière ? Jusqu'où s'étendra ce rayon d'exploitation de la boulangerie étrangère ? L'honorable Rapporteur de la Chambre des députés a bien voulu avouer que le mal serait réel, que bon nombre de boulangers et de meuniers seraient atteints par l'inconséquence de la loi. — Mais là où nous nous séparons complètement de sa manière de voir, c'est lorsqu'il affirme que « l'importation du pain « étranger n'intéresse qu'un nombre très limité de boulangers et « de meuniers de la frontière. »

Ainsi donc la Chambre des députés en votant la surtaxe sur les blés et en admettant l'entrée du pain aux anciens droits, acceptait cette théorie par laquelle elle pouvait sciemment ruiner un certain nombre de boulangers et de meuniers nationaux de la frontière, pour faciliter l'extension et même la création, à l'étranger, de deux industries, à qui elle accorde, indirectement, une prime. Cet aveu est assez singulier pour être enregistré.

Mais ce nombre est-il aussi limité que ce qu'a bien voulu l'affirmer M. G. Graux ? Le nombre de meuniers et de boulangers atteints ne sera pas nombreux, d'après cet orateur, parce que « Le pain, pour arriver frais à destination, ne peut faire un bien long trajet. »

Cette raison ne nous paraît pas des plus concluantes ; car dans beaucoup de ménages on mange, par esprit d'économie, du pain de la veille et on achètera d'autant plus facilement du pain exotique qu'il sera meilleur marché. D'ailleurs, pour des personnes qui, comme les protectionnistes, font profession de connaitre si bien les besoins de l'agriculture, il est assez étonnant de constater qu'ils connaissent fort peu les mœurs des agriculteurs ; en effet, ils devraient ne pas ignorer qu'il y a encore beaucoup de localités en France où l'on fabrique le pain pour la consommation de toute la semaine. Enfin le pain ne peut guère être considéré comme n'étant plus frais qu'au bout de 18 à 20 heures après sa cuisson, et dans ce laps de temps les chemins de fer ont le temps de parcourir un rayon assez étendu.

Les meuniers et les boulangers de la frontière ne seraient donc pas les seuls à être ruinés par la nouvelle loi. Nous n'exagérons rien, ce ne sont pas là des craintes chimériques ? En effet, le lendemain même du vote de la loi sur la surtaxe des blés, on a annoncé que d'immenses boulangeries allaient être établies sur les frontières belges pour ravitailler une partie de la France : Paris recevrait tous les matins d'immenses convois provenant de ces usines. Et qui nous dit que cet exemple ne serait pas suivi par toutes les nations voisines ?

Ainsi donc nous relevons pour les blés tendres servant à faire la farine pour la panification, les mêmes inconséquences que pour les amidons et pour les pâtes dites d'Italie. Ce que la loi, que nous examinons, défend d'un côté, en établissant un droit de 3 francs sur les blés et de 6 francs sur les farines, elle l'autorise, de l'autre, en permettant au pain d'entrer moyennant un droit de 1 franc 20 par 100 kilogr. et aux basses matiéres provenant du blé, telles que sons et repasses, d'entrer en franchise. Avec des dispositions pareilles quel avantage en retirera l'agriculture ?

Devant des conséquences aussi désastreuses pour nos industries nationales, et si peu lucratives pour les recettes de l'Etat et pour le grand producteur de blé, lui-même, il nous est permis d'espérer que le Sénat ne voudra pas sanctionner une loi, qui se détruit elle-même, et qui n'arriverait à d'autres résultats que ceux-ci : accorder une prime à l'industrie étrangère, augmenter le nombre malheureusement trop grand, des ouvriers sans travail, enfin, diminuer d'une manière très sensible la consommation déjà si restreinte du pain.

Si la crise qui atteint, en ce moment, toutes les productions de tous les pays, est plus grande, plus onéreuse pour l'agriculture que pour l'industrie et le commerce, nous serons les premiers à demander à ce que le Gouvernement intervienne, mais nous demandons à ce que cette intervention ait lieu par des moyens plus efficaces et moins désastreux que ceux qui sont préconisés par les protectionnistes qui ne veulent rien moins que le chômage pour l'ouvrier, et le renchérissement du pain pour le malheureux prolétaire qui éprouve déjà de si grandes difficultés à suffire à ses besoins et à ceux de sa famille.

Et qu'on ne nous dise pas qu'en parlant ainsi nous faisons appel aux passions. Non ! ce n'est pas nous qui y faisons appel. Si, à côté de cette crise agricole, nous montrons la crise terrible, autrement intense, qui pèse sur nos ouvriers, — puisque cette crise ouvrière a ému le Gouvernement, qui, à l'heure actuelle, cherche des travaux pour occuper ces milliers de bras inactifs et sans ressources ; — c'est que nous voulons sincèrement, sciemment la grandeur et la prospérité de notre pays ; et celui-ci ne peut être grand et prospère qu'à la condition que tous ses enfants indistinctement, ouvriers et agriculteurs, trouvent auprès du gouvernement le même souci de leurs intérêts.

Le Rapporteur,

D. MAGNASCHI.

Marseille. — Imprimerie du Port, quai de Rive-Neuve, 1 A.

www.ingramcontent.com/pod-product-compliance
Lightning Source LLC
Chambersburg PA
CBHW060442210326
41520CB00015B/3818